창조문학대표시인선 · 275

십자가를 그려 보셔요

김풍배 신앙시집

창조문학사

□ 신앙시집을 묶으면서

서시(序詩)

바라볼 곳 있어 좋았다
의지할 분 있어 견뎠다

먹구름 하늘 가득할 때
구름 뒤 태양을 보고
폭풍우 몰아칠 때
누웠다 일어나는 풀을 보았다

뒤뚱거릴 때
눈물 흘릴 때
어둠에 갇혔을 때
빛 되고 길 되어 주셨다

종착역 근처에서
보따리 풀어
지난 세월 되새김질해본다

겸손하지만 비굴하지 않고
가난하지만 부요하게 살자던
자신의 약속도 돌아본다

낙수처럼
떨어진 자리에 남아있던
은혜의 흔적들을 엮었다

미흡하고 부끄러운 마음으로
세상에 내놓는다

주님께 바칩니다.

2021. 01.
김 풍 배

십자가를 그려 보셔요

김풍배 신앙시집

| 목 차 |

□ 선지생도들의 노래

나사못

날카로운 나사못
길 걷다가 주었네
가지런히 손에 넣고
가만히 쥐어보니
손바닥
부드러우니
나사못도 순하네

가시 같은 사람도
나사 같은 사람도
달래고 보듬으면
다 같은 사람일세
나 먼저
부드러우니
세상 모두 순해지네

화가 예수님

봄에는 더 바쁘신
화가 하나님
매화, 진달래, 벚꽃, 개나리
색색이 다른 색깔로
칠하셨네! 곱게도

겨우내 하얀 백지
만들어 놓으시고
봄이 오자
그리신 고운 그림 울긋불긋
꽃마다 활짝 웃으며
사람들을 부르네

말씀

신비다움 꽃잎에
방울방울 꿀 송이 매달렸네
손끝에 가만히 찍어
혀끝에 대보니
달디 단맛 온몸에 퍼지네

하나님 말씀은
이보다 더 달다네
한 절 한 절 귀한 말씀
나의 영혼 양식되네

읽다 웃고
읽다 울고

그 말씀 읽는 재미에
차마 눈 떼지 못하겠네

과속 방지턱

아스팔트 길 달리다가
느닷없이 만나는 과속 방지턱
짜증나고 조급해도
어쩔 수 없이 천천히 가게 된다

짜증 내지 마라
과속 방지턱은 더 빨리 가기 위한
숨겨진 보약이다

인생길 걸어가다
느닷없이 만나는 고난
잘 나갈 때
고난은 과속 방지턱이다

포기하지 마라
고난은 더 멀리 가기 위한
숨겨진 보약이다.

잘 못 산 하루

새벽에 눈 뜨자마자
평안한 하루가 되게 해달라고
빌었다
아무것도 하지 않은
평안한 하루를 보냈다

기도한 대로 되었는데
어쩐지 잘 못 산 하루 같다

시간은
살아서 파닥거려야 한다

기도 제목을 바꾸기로 했다
무언가 남기는
하루가 되게 하소서

사랑의 줄기

내 마음은
당신을 사랑하는 줄기입니다
사랑의 줄기는
당신만 향하여 뻗어갑니다
무섭고 어두운 밤에도
뜨거운 햇빛 아래에서도
당신을 향해가는 길은
멈출 수도 없고
포기할 수도 없음은
당신은 나의 전부이기 때문입니다
산이 막아도
바다가 막아도
가야 하는 것은
당신은 나의 생명이기 때문입니다
당신을 향한 사랑의 줄기는
당신을 만나는 날
예쁘고 탐스러운 열매를 맺을 때까지
오늘도 쉼 없이 당신을 향하여
뻗어갑니다

그냥 사랑해요

처음부터 좋아서
당신을 사랑하게 되었습니다
당신이 나를 사랑하기에
당신을 사랑한 건 아니었습니다

그러나 어느 순간
묻고 있지요
나를 얼마나 사랑하는지를

메아리처럼 되돌려 받기 원하지요
준 것보다 더 받기 원하지요
자꾸만 셈하면서 원하지요

어느 순간
나만큼 사랑하지 않는다고
실망하며 원망하며 돌아서지요

그저 사랑해요
그냥 사랑해요
그것이 진정 사랑이니까요!

은총이 모양이 있다면

하나님의 은총이 모양이 있다면
너울너울 내리는
흰 눈 같을 거야
얼룩져 추악한 우리 죄를
너나없이 하얗게 덮어주니까

하나님의 은총이 모양이 있다면
주룩주룩 내리는
빗물 같을 거야
덕지덕지 묻은 검은 죄를
좍좍 시원하게 씻어주니까

천국은 얼마나 좋을까요?

햇살 받은 푸른 숲길
저렇게 좋은데
천국은 얼마나 좋을까요?

높은 하늘 맑은 공기
이렇게 좋은데
천국은 얼마나 좋을까요?

사랑하는 사람들만 있는 곳
우리 주님 계시는 곳

이 세상에 없는 것까지 다 있고
찬송과 기쁨만 있는 곳
천국은 얼마나 좋을까요?

당신은 지금 어떠신가요?

등기 난 집 한 칸 없고
땅 한 되지기 없을지라도
거들떠 보아주는 사람
누구 하나 없을지라도
아! 오늘은 감사합니다

다투어 피는 봄꽃들을 볼 수 있고
개울의 시냇물 소리 들을 수 있다는 거
마음대로 오갈 수 있고
읽으며 쓸 수 있다는 거
아! 오늘은 행복합니다

목욕 봉사하고 왔습니다
오늘 비로소 알았습니다
내 몸 내가 닦을 수 있다는 거
얼마나 감사하고 행복한 건지

십자가를 그려 보셔요

참을 수 없는 분노가 일어날 때는
십자가를 그려보셔요

견딜 수 없도록 억울하거든
자존심 짓이겨 밟아 놓거든
십자가를 그려보셔요
마음속에 커다란 십자가를
그려보셔요

그래도 가라앉지 않거든
십자가에 못을 박아 보셔요
양손과 양발에
꽝 꽝 꽝 대못을 박아보셔요

분노가 지나가고
마음에 평정이 찾아오거든
고개 들어 하늘을 바라보셔요
빙그레 웃고 계신 주님
거기 계실 거예요

은혜

공짜라고 싸구려인 줄 아는가
목숨 다해 싸워도 얻을 수 없고
억만금 주고도 살 수 없어
우리에게 거저 주셨네

하늘 땅, 밝은 햇빛, 맑은 공기
시원한 바람, 눈과 비
빛나는 달과 별
어느 것 한가진들 선물 아닌 것 없네

은혜의 완성은 십자가
우리 주님 생명으로
우리 구원하셨네

공짜라고 싸구려가 절대 아닐세
싸워서 얻을 수 없고 돈으로도 살 수 없어
사랑의 하나님
우리에게 거저 주셨네!

임은 내가

임은 내가
헛발 디뎌 절뚝거릴 때
의지하며 걸어라
지팡이가 되어 주셨습니다
아픈 발 다 낫던 날 나는
지팡이를 버렸습니다

임은 내가
버거운 짐 지고 뒤뚱거릴 때
사람조차 만나기 싫어질 때
눈물 닦아라
손수건이 되어 주셨습니다
흐르는 눈물 다 닦고 슬픔 거둬질 때
나는 손수건을 버렸습니다

임은 내가
캄캄한 어둠에서 헤맬 때
앞길을 비춰봐라
앞길 환히 비춰주는
손전등이 되어 주셨습니다
어둠 가시고 대낮이 되자
나는 손전등을 버렸습니다

임은 내가
절망에 빠져 세상 등지고
고독이 뼛속까지 파고들 때
모든 것은 다 지나간단다
다정히 위로해주는 별빛이 되어주셨습니다
새벽 지나 농들 부렵
나는 별들을 버렸습니다

웃음 가시던 어느 날 새벽
문득 잃어버렸던 것이 생각나 펑펑 울었습니다
뜨거운 눈물 강물 되어
비었던 가슴 채울 때
내가 버렸던 것들이 슬며시 찾아와
포근히 나를 감싸주었습니다

어느 것 한 가지도 변한 것 없이
내 곁에 머물며 나를 지켜주었습니다
이것이 임의 변함없고
깊은 사랑이란 걸 깨닫고는
다시 펑펑 울었습니다

기적

사람들은 기적이라 말할 때
우리는 기적이라 말하지 않습니다

소경이 눈뜨고 앉은뱅이 걸을 때
바다 위 걸으시고 죽은 자 살리실 때
사람들은 기적이라 말하였습니다
사흘 만에 죽음에서 살아나실 때
사람들은 믿지도 않았습니다

앞 못 보는 강영우 박사
미국 국가 장애위원회 차관보 되고
왜소한 이영무 목사
국가대표 시절 해트트릭 기록할 때
사람들은 기적이라 했습니다

고환암 랜스 암스트롱
사경에서 헤어나 사이클 황제 될 때
두 팔 없고 왼쪽 다리 짧은 레나 마리아가
피아노 치는 찬양 가수가 될 때
사람들은 기적이라 했습니다+

그러나 우리들은 알고 있습니다
하나님은 불가능 없는 전지전능 자
우리는 그 하나님의 사랑 받는 아들 딸
일어날 수 없는 것을 일어나게 하시고
믿고 구하면 무엇이든 주시는 분이란 걸

우리는 알고 있습니다
영 죽을죄 지은 이 몸
택하시고 자녀 삼아 구원하여 주신 분이란 걸

사람들이 기적이라 말할 때
우리는 기적이라 말하지 않습니다

성찬식

나는 주님의 몸과 피를
먹고 마셨네

나를 살펴 뒤돌아보니
죄의 진흙탕 밟아 얼룩진
추악한 내 모습 거기 서 있네

돌리는 떡과 잔 얼떨결에 마시고
먹지 말아야 할
주님의 몸과 피 먹고 말았네

회한의 뜨거운 눈물
빗물처럼 흐르는데
가시관 쓰신 주님
손 내미시고
내가 네 죄를 기억하지 않으마
나도 네 죄를 정죄하지 않으마

오! 주님!
오! 주님!

돌이질

아니라 하면서
난 아니라 하면서
오늘은 또 몇 번이나
손바닥을 뒤집을까?

후회할 줄 알면서도
눈물 흘릴 줄 알면서도
넓은 길로만 가려 했지
황톳길, 좁은 길이 결국 꽃길이었어

지금은 항상 옳다가도
세월 몇 장 넘겨보면
그게 최선은 아니었어
그렇게 해서는 안 되었어

무지개 바라보며 가는 길
무지개 홀연 사라진 후
또 얼마만큼
돌이질 해야 할지

진리의 길 저기 있는데

사랑의 창을 달자

내가 본 것
내가 들은 것
눈이 아니고
귀가 아니었다

모두 빨갛게 보아도
난 파랗게 보이고
모두 내일이라 들어도
난 오늘이라 들렸다

사랑으로 보면
미운 것도 애교로 보이고
미움으로 보면
순한 것도 바보처럼 보였다

마음에 사랑의 창을 달자
사랑으로 보면
세상 모두 사랑 아닐까?

가는 겨울 이야기

창가에 매달린
찬바람의 울음소리가 들려올 때
문득문득 가슴이 메었다

신문지 위에 떨어진
노숙자의 눈물방울을 볼 때
가위눌린 듯 오금이 저렸다

하지만, 어쩌랴
삶을 배우기 위해
때로는 남루한 아픔도 필요한 걸
어둠이 짙을수록
빛은 더 밝게 보이지

겨울 없는 세상을 생각해 보라
눈 내리는 거리
연인들의 미소를 보겠는가?
얼음 위 아이들 웃음을 보겠는가?
나무마다 곱게 맺힌 눈꽃을 보겠는가?
생의 비바람은 어이 맞을 것이며
강철나이테는 어이 만들 것인가?

빨리 가지 않는다고 재촉하지 마라

가는 듯 머무는 듯
머무는 듯 가는 듯
이 또한 주님의 은총 아니랴?

담

담을 드려다보았다
내 마음속에 겹겹이 둘려 있는
자존심의 담, 고집의 담, 교만의 담
명예의 담, 체면의 담…

누군가가 나에게
화살을 쏘고 갔다
창으로 찌르고 갔다
대못을 치고 갔다

어김없이 담에는 화살이 박히고
창으로 찔린 생채기가 있고
구멍 숭숭 뚫린 못 자국이 남았다

저 담이 언제부터 있었던 걸까?
분명히 태어날 때는 없었던 담
언제부터 생겨난 담

그 담을 헐기로 했다
담이 없어지니
화살도, 창도, 못도 박히지 않았다

매일 매일 헐지 않으면
담은 다시 세워지고 견고해진다

오늘도 담을 허물려고
새벽을 깨워놓고
제단을 쌓는다

가시나무에게

네가 가시나무가 되어 찌르고
엉겅퀴처럼 할퀼지라도
난 구름이 되리
난 바람이 되리

쓰면 약이 되고
달면 즐거움이니
쓰면 쓴 대로
달면 단대로 사는 게지

싫다 쫣나 할 것도 없네
즐거우면 짧고
괴로우면 긴 것
돌아본 세월
짧았다고 생각되면
그래도 괜찮은 거야

사랑하고 살아도 아쉬움뿐인데
아파하고 미워하다 끝나면
얼마나 억울해?

남은 생 몇 발자국이나 될까?

새벽 기도회

알람 소리
서둘러 끈다
잠은 눈에 붙어 떨어지지 않고
피곤이 온몸을 엎어누른다

정말 귀찮다
오! 주여! 오늘만…
죽은 듯 그대로 누웠는데
어디선가 들려오는 소리
십자가 주님
얼마나 널 사랑하시는 줄 알아?
비틀거리며 일어나 옷을 입는다

품에 안기는
새벽의 달콤한 공기
잠에서 깨어나는
대자연의 기지개 소리
어둠 속에서 반짝이는 별들처럼
걸음 옮길 때마다 떠오르는 시어들

주님 앞에 머리 숙여
감사, 감사, 또 감사

목사님 말씀
꿀 같은 말씀
은혜의 말씀

주님께 응석처럼 드린 기도
기쁜 마음
가뿐한 마음

새벽기도로
행복의 아침을 연다

기도 1

나의 눈은 낮춰주시고
이상은 높게 하소서

나의 귀는 두껍게 하시되
바른 말엔 얇게 하소서

나의 입은 무겁게 하시되
칭찬엔 가볍게 하소서

나의 손은 크게 하시되
나를 위해선 작게 하소서

나의 발은 넓게 하시되
의롭지 않은 곳엔 좁게 하소서

마음에도
눈과 귀를 붙여주셔서
보이지 못하는 것도 보이게 하시고
듣지 못하는 것도 듣게 하소서

기도 2

내 마음은
목련처럼 순결하게 하시고
내 가슴은
영산홍처럼 뜨겁게 하소서

내 눈은
해바라기처럼 희망을 바라보게 하시고
내 귀는
나팔꽃처럼 크게 열러 듣게 하소서

내 미소는
들꽃처럼 잔잔하게 하시고
내 입술은
백합처럼 향기롭게 하소서

내 손은
꿀벌처럼 성실하게 하시고
내 발은
개미처럼 부지런하게 하소서

오늘을
즐거움과 기쁨과
감사가 넘쳐나게 하소서

기도 3

새벽 기도를 끝내고
파도리 바다로 나갔다

때마침 바다는
부끄러운 줄도 모르고
제 몸 발딱 뒤집어
몸부림치고 있었다

지금까지
쓴 것, 비린 것, 아린 것, 탁한 것들
마음에 들어올 때마다
가라앉히려 무진 애썼다

실패했다
바람 불 때마다
그것들이 떠올랐다

바다에서 배웠다
가라앉히면
안 된다는 걸

엘리 엘리 라마 사박다니

아브라함을 시험하시려
이삭을 바치라 명 하셨을 때
믿음 좋은 아브라함
정말로 아들 바치려 하였네

아들 잃은 슬픔 미리 아시고
다급하게 아브라함아 아브라함아 부르시면서
사랑의 하나님
이삭 대신 수양을 준비하셨네

당신의 독생자
제물 삼으실 때
어느 누가 그 심정 그 슬픔을 헤아리리오
누가 대신 제물을 대신하리오

한 마리 순한 양이 되어
주님 십자가에 못 박히실 때
그 고통 그 아픔 견딜 수 없어
하늘 계신 아버지께 큰소리치셨네
아버지! 아버지!

어찌하여 날 버리시나요?
엘리 엘리 라마 사박다니

사랑하는 독생자 외마디 소리
하나님도 차마 바로 보실 수 없어
태양은 빛을 잃고
땅도 흑암으로 덮였네

사랑하는 내 아들아
네가 저 죄인들의 지은 죄를 대속해주어라
억장 무너져 얼굴 돌리시고
제 육 시부터 구시까지 눈 감고 우시었네

성령의 바람 불어와

하나님은 봄날의 햇빛처럼
따뜻하고 포근히 비추시네
때로 먹구름 같은 죄가 나를 덮을지라도
성령의 바람 불어와
죄의 구름 걷어주시어
은혜와 사랑으로 비춰주시네

대로는 천둥 번개 폭풍우도
견디기 힘든 시험 닥쳐와도
구름 너머 계시는 주님 바라보오니
성령의 바람 불어와
시험 시련 이기게 해주시고
은혜와 사랑으로 비춰주시네

죄로 인하여 괴로울 때 주님 의지합니다
시험 시련 닥쳐올 때 주님 의지합니다
성령의 바람 불어와
연약한 나의 믿음 굳게 하셔서
영원토록 주님만 의지하게 하소서

들녘의 기도

꽃이 피고 지는 건 눈속임이라 했는데
물결치던 나락은 다 어디로 갔나?
가을걷이 끝난 들녘엔 죽음 같은 고요
백발의 억새들만 체머리를 흔들고 있다

배고픈 봄은 희망이 있기에 웃었지만
속지 마라
볏짚 그루터기에 파랗게 돋아난 싹은
허상일 뿐 희망은 아니다

이제 겨울이다
고난은 기도를 부르고
기도는 희망을 낳는다

홀로 남은 들녘은
간절한 기도로
새로운 봄을 소망한다
찬 서리 내려도
눈 비바람 몰려와도
더 높은 곳을 향한다

새벽길

붉게 솟아오르는 태양이
어제의 태양이 아니듯이

밀려오는 바닷물이
어제의 바닷물이 아니듯이

오늘의 내가
어제의 내가 되지 않게 하소서

다시 피어나는 꽃송이처럼
비상하는 갈매기의 날개짓처럼
새롭게 하소서, 오늘 하루를.

새벽기도

일어났다 누웠다 일어났다 누웠다
오늘만 이 새벽만 용서하여 주소서
귓가에 속닥거리는 곤한 육신 목소리

목숨까지 내어 주신 주님 생각하면서
천근 몸 일으키며 십자가를 바라본다
주님여 감사합니다 승리하게 하심을

내 영혼 소생시킨 하나님을 만나고
기도 제목 하나씩 아뢰이고 나오면
기쁨의 힘찬 하루가 내 앞에 엎드린다

새해 기도

새해를 맞으면
해 뜨는 동녘 바라보며
복도 빌고 행운도 빌지요

많은 사람
간절히 기원하지만
받을 그릇 못됨은 어이 하리오?

세월을 아껴 살지 못하면
*요럭조럭 한 인생 다 가고 말아
으뜸 되는 건 마음가짐이지요

*요럭저럭: 하는 일 없이 어름어름하는 가운데. 되어가는 대로

역설의 길

얻고자 하면 버리라 하셨지요
채우고자 하면 비우라 하셨지요
높아지려면 낮아지라 하셨지요
대접받고 싶으면 대접하라 하셨지요

얻고 싶고, 채우고 싶고
높아지고 싶고, 대접받고 싶고…
더하여 보태고 싶은 건 욕심이지요
욕심은 안개지요

안개를 걷어내니
어렴풋이 밝은 길이 보이네요
꼬불거리는 미로(迷路)
수풀 사이로 난 역설(逆說)의 길이.

밥을 먹다가

두 번 세 번 죽어
비로소 밥상 위에 올라오는 것들
입속에서 다시 죽는다

수없이 죽어야 한다면서도
어김없이 고개 드는 내 속의 나

죽어야
내가 사는데…
남도 사는데…

말(言)

해서 바보
안 해서 바보
해서 손해
안 해서 손해

지나고 보니
안 해서 후회한 때보다
해서 후회한 때가 더 많더라

하고 싶거든
차라리 빙그레 웃자
내놓을 것 없으니 잃을 것도 없지
요즘 같은 불경기엔
본전도 남는 장사다

내 입에 파수꾼을 세우소서
새벽마다 두 손을 모은다

더하기 인생 빼기 인생

하루를 산다는 건
살아온 날에 하루를 더하는 것
살아갈 날에서 하루를 빼는 것

더하는 세월은 청춘의 날
빼는 세월은 노년의 날

겸손은 더하고
교만은 빼고
사랑은 더하고
미움은 빼고
칭찬은 더하고
꾸중은 빼고
더하고 빼면서
인생을 만들어간다

잠자리에 눕기 전
하루를 계산기 위에 올려놔 본다

닭이 우는 까닭은

찔려본 사람은
웃고 있는 장미의 얼굴보다
숨어 있는 가시를 먼저 본다

천사의 말을 한다고 천사가 되나
천사의 얼굴을 한다고 천사가 되나

닭이 세 번 울 때
베드로를 생각한다
한 번 더 울 때 나도 운다

배반의 장미를 위하여
저 닭은
이천 년을 한결같이 울어주고 있구나!

반쪽 인생

내 눈은 독수리보다 못하며
내 코는 강아지보다 못하며
내 귀는 들쥐보다 못한데
내 말이 맞으며
내 생각이 정답이고
내 신념이 옳다 하며 살았습니다

검고 짧고 낮은 곳도 있는데
희고 길고 높다고 우겼습니다

내 배부르면 남도 배부르고
내 더우면 남도 덥다 하였지요

아! 난 반쪽만 보고 살았습니다
반쪽인생이라고
낮에 나온 반달이 웃었습니다

조금만 더

오늘 기다리다 오셨나요?
조금만 더 기다릴 걸 그랬어요

오늘 화내셨나요?
조금만 더 참을 걸 그랬어요

오늘 급하셨나요?
그래도 조금만 더 양보할 걸 그랬어요

조금만 더, 조금만 더…

세상은 조금이 아니라
아주 많이 달라지겠지요.

타내지 마라

나도 내 마음과
싸울 때가 있고
핏줄 나눈 형제도
마음 갈라질 때가 있다

나만, 드러나지 않을 뿐
남남 사이
강이 있고 둑이 있고
산이 있고 골이 있고

닫힌 건
세상이 아니고
내 마음 아닐까?

타내지 말라
꼬리쳐도 개는 물고
졸고 있는 고양이도
발톱을 숨기고 있다

하나님 함께 하소서

인생의 길은 언젠가는 끝나는 길
늘 좋은 일만 있는 건 아니야
시작도 끝도
내 의지와는 관계없이 선택되는 길
고닮고 힘들어도 가야 하는 길
가는 길 험하고 괴로워도 가야 하는 길
나를 향한 하나님의 뜻이 있다면
이 험한 고갯길 넘겨주실 거야
미래와 희망을 준비해 주시는 하나님
그 하나님만 의지하며 내 모든 걸 맡길 거야

당당하세요

당당하세요
지지마세요
우리 주님 계시잖아요?

겸손하지만 비굴하지 않고
당당하지만 교만하지 않고
내게 능력 주시는 자 안에
능치 못함 없는 우리잖아요?

우리 모두
모태부터 택함 받지 않았나요?
우리는 이 세상
소풍 온 것이라잖아요?

잡아도 소용없고 쥐어도 소용없는
지나가는 그림자들이
우리를 포위하고 있어요

어느 자리에 있건
누구에게 있던
그런 것에 지지 말아요
그림자에 지지 말아요

당당하세요
지지 마세요
우리 주님 계시잖아요?

나는 얼마나 주님을 알고 있는가?

사람들은 내가
주님을 잘 알고 있을 거로 생각하겠지
그러나 나는 주님을 잘 모른다
주님을 잘 알지 못하여
욕심을 버리지 못하고
성냄도 버리지 못하고
미움도 버리지 못했다

사람들은 내가
주님을 잘 알고 있을 거로 생각하겠지
그러나 나는 주님을 잘 모른다
주님을 잘 알지 못하여
사랑하지 못했고
용서하지 못했고
인내하지 못했다

나는 얼마나 주님을 알고 있는가?
나를 위해 주님
십자가에 달려 돌아가시고
영원한 생명 주신 걸
온몸 다해 감사하지 못했다

지금도 날 위해
탄식하며 기도하고 계신 걸
정성 다해 감사하지 못했다

주님 앞에 설 때까지
의로운 오른손으로
나를 붙들어 주신 걸
참으로 믿고 감사하지 못했다

더욱 주님을 알게 하시고
말씀 좇아 살아가게 하옵소서

주님! 감사합니다
이 생명 다하는 그날 까지
주님 알게 하시고
말씀 따라 살게 하옵소서

밍크보다 더 비싼 것

시골 교회 목사
바겐세일 옷가게 지나가다
헤진 소매 깃 내려다보네

윈도우에 걸려 있는 밍크코트
예쁘기도 해라
"반액 세일 오백만 원"

속 모르는 종업원 옆에 와서 염장 긁네
눈앞에 아른아른
허름한 스웨터 걸치고 있는 아내 모습

못 볼 것 본 듯
파란 하늘만
연신 올려다보네

목마르다

어디서부터
잘 못 되었는지?
무엇이 그토록
화나게 했는가?

태양은
한 줌 아량도
자비도 없이
대지를 핥고 또 핥는다

부끄러운 하체
갈라진 양심뿐
다 드러낸 저수지

목마르다
헐떡이는 농작물
농부 마음 쩍쩍 금이 간다

십자가 위 주님도
목마르다 하셨지
굽어살펴 주소서
나를 돌아봅니다

독설(毒舌)

내 입에서
*카인이 튀어나가더니
착한 동생을 죽이고
의기양양 집으로 돌아와
나까지 죽이려 덤벼든다

죽도록 혼쭐 난 후로
마음속 깊숙이
그놈을 붙들어 놓고
입 벌릴 때마다 감시한다

말로 망한 자
어디 한둘이더냐?

*카인: 성서에서 나오는 인류 최초의 살인자

인간의 욕망

아무리 배고파도
밥 두 그릇 비우고 나면,

아무리 보고 싶어도
석 달 열흘 살아보면,

아무리 하고 싶어도
사흘 밤낮 하고 나면,

한데 참 요상한 건
먹고 나면 보고 싶고
보고 나면 하고 싶고…

채워지지 않는 구덩이를
끝도 없이 메우며 평생을 살아왔다

세월의 등에 붙은
부질없는 수고가 *솔보굿처럼 덮여있다

*솔보굿: 소나무 껍질

두 렙돈 찬양

정박 장애인 여섯 합하여
하나처럼 부르는 하나님 찬양

고개 젖혀야 나오는 소리
곡조는 제 각각 위아래 마음대로
노래 한 곡 배울 때마다
흘린 땀 바다 같으리

한 소절이 뜨거운 피, 눈물 젖은 땀
한 소절이 간절한 소망, 굳센 믿음
찬양 속에 녹아든 원망, 저주, 낙심,
고독을 녹아 낸 천상의 소리

저들의 찬양이 두 렙돈입니다
내 눈에서 왈칵 눈물 쏟아지는데
사랑의 주님 얼마나 감동 크실까?

할 수만 있으면 찬양하게 하소서
멀쩡한 육신 가지고
찬양하지 않으면 주님 어찌 뵈오리까?
고운 목소리 주신 주님께
감사한 마음 모아 소리 높여 찬양합니다.

푯대를 향하여

성도는 천성을 향해 간다
물질 명예 온갖 재미
걸리고 붙잡고 잡아당겨도
연어는 본향 찾아간다
물살 거슬러 바위 뛰어넘고
돌짝밭 헤치며
수만 리길 오직 한길 본향 찾아간다

골퍼는 홀 찾아간다
비바람 광풍 속
러프에 풀숲에 빠져도
홀 향해 힘껏 치고 또 친다
십팔 홀 다 돌아 홀 찾아간다

등산가는 정상 향해 올라간다
구슬땀 비지땀
천 길 낭떠러지 밑에 있어도
뾰족하고 날카로운 돌부리 붙잡고
정상 향해 끈기 있게 올라간다
성도는 천성 향해 달음질한다

주여!
이 평안함을 용서하여 주소서
게으르고 용기 없음을 용서하여 주소서
가야 할 곳 머뭇댐을 용서하여 주소서
연어처럼 골퍼처럼 등산가처럼
그렇게 푯대를 향하여 달려갈 수 있도록
주여! 나의 등 밀어주소서

갈망

손톱이 빠지고
발톱이 닳도록
담쟁이가 저토록
수직의 담벼락을 넘는 것은
오로지 담장 너머 세상을
갈망하기 때문이다

총알이 빗발치고
죽음이 덮쳐도
병사가 저토록
사선의 담벼락을 넘는 것은
오로지 담장 너머 자유를
갈망하기 때문이다

천근 몸 가라앉고
모진 잠 쏟아져도
성도가 저토록
여명의 골고다를 넘는 것은
오로지 세상 너머 천국을
갈망하기 때문이다

욕망

기어오르려 작정을 했다

태생의 작은 키를
한 치라도 높이려
오르고 또 올라
더 멀리 보고 싶었다

그러나
나무는 너무 크고 미끄러웠다
오르고 미끄러지고
미끄러지고 오르고

평생을 매달려 오르다
나이 들어 힘에 부치니
땅바닥까지 미끄러져 내렸다

오르기를 포기하고
내려와 일어섰을 때
내 키만큼 세상이 똑바로 보였다

오르다가 얼핏 본 세상은
허상이었다

사람끼리

부딪혀 제일 아픈 건
사람이더라
모서리도 아프고
쇠도 돌도 아프지만, 그때뿐
사람에게
부딪힌 멍은
두고두고 가시지 않더라

찔려서 제일 아픈 건
사람 말이더라
바늘도 아프고
가시도 못도 아프지만, 그때뿐
사람 말에
찔린 상처는
오래오래 아물지 않더라

용서하라

빛은 어둠을 먹고 산다
용서도 빛을 닮아서
어둠을 먹는다

빛과 용서는 어둠 속에서
자신의 존재를 드러낸다
어둠이 짙으면 짙을수록
빛과 용서는 더 밝아진다

용서하라
용서하지 못하면
세상은 계속
캄캄한 어둠 속에 갇혀있을 것이다.

그대여!
언제까지 입으로만
주기도문을 외울 것인가?

용기도 없으면서

벌써 몇 달째
시 한 줄 쓰지 못하다가
하나님께 졸랐다

그러자
도종환 시인의 시 한 수를
생각나게 하셨다

그리고 한마디
그럼 흔들리게 해줄까?

나는
아무 말도 못 하고
고개를 떨구고 말았다

지우개가 없었다면

지우개가 없었다면
내 상처는 어찌 지웠을까?
내 슬픔은 어찌 지웠을까?

생의 뒷장을 넘기다 보면
지워진 자리
아직도 희뜩희뜩
노란 갈잎 사이로
결 고운 추억만 남겨두고
꼬불거리는 먼 길만 보인다

햇살 곱다가도
바람 불고 비가 내리고
생의 길은 그렇게
그런 길을 가는 것

지워진 자리에
파란 내일을 싹 틔우려고
날마다 여명에 엎드려
지우개로
어제의 그늘을 지워낸다

파리 2

그렇게 밤낮
빌지만 말고
네 삶을 돌아봐라

꿀벌을 보아라
어디를 다니며
무얼 하는가를.

가을엔 풍성하게 하소서

가을엔
파아란 하늘
티 없는 마음

황금 벼 이삭
겸손하게 서 있고
포도알 알알이 박혀
성령 열매 열렸네

무더위 이겨내고
태풍 폭우 견뎌내고
넉넉하고 풍성한 갈걷이
감사하여라

주님 앞에 서는 날
이와 같아라
이 가을엔
더욱 풍성하게 하소서

성탄절 트리

고요한 밤
달도 얼고
별도 얼고
바람마저도 얼었는데

옥녀봉 언덕에서 내려다보니
하늘에서 내려온
별꽃들이 활짝 피었네

빨간 십자가에
줄지어 매달린 오색 꽃들
나무마다 별들이 춤을 추네

어둠을 뚫고 피어난 꽃들이여
이 땅에
예수님의 향기로 가득하게 하소서

겨울을 뚫고 피어난 꽃들이여
이 땅에
사랑과 평화의 향기로 가득하게 하소서

천국에서 만난 사람

천국에서
어떤 사람을 만났다

입은 나팔만 해도
팔다리는 모양만 있었다

뭐 하다 온 사람인지
묻지 않아도 알았다

빛과 그림자

세상은 앞만 있고
뒤는 없는 줄 알았습니다

승진이란 계단을 뛰어오를 때
뒤에서 가족들이 손목을 잡았지만
거추장스러워 매정히 뿌리쳤습니다

통장 안의 숫자가 자꾸 불어날 때
옆에서 친구들이 발목을 잡았지만
부담스러워 냉정히 얼굴을 돌렸습니다

바라던 곳에 올라가 가족을 찾았지만
가족은 이미
다가갈 수 없는 곳에 있었습니다

쌓였던 통장의 숫자들이
손안의 모래처럼 빠져나갈 때
다급해서 친구들을 불렀지만
아무도 아는 척하지 않았습니다

빛이 밝으면 밝을수록
내 뒤의 그림자가
더 짙어지는 걸 몰랐습니다

세상은 앞도 있고
뒤도 있고 좌우도 있다는 걸
빛이 그림자마저 거두어 간 후
어둠 속 홀로 되었을 때
그때 알았습니다

마량진을 아시나요?

들도 초록, 산도 초록
하늘은 파랗고 땅은 푸르다
푸른 바람 분다

제일 남선교 회원 열다섯
찾아간 곳 한국 최초 성경 전래지
충청남도 서천군 서면 마량진
거기 푸른 바다 앞 포구
매립지 황토 위에 비석 두 문이 서 있다

하나는 영국 해병 맥스웰, 홀 두 대령이
해도 작성 차 왔다가 첨사 조대복에게
한국 최초 전래한 성경을
이곳에서 주었다는 내용이고
또 하나는 감리교선교사인 아펜젤러가
성경 번역 일로 목포로 가던 중
마량포구 앞바다 어청도에서
풍랑으로 순직했다는 안타까운 내용이다

달랑, 비석 두 문!
겨우 이걸 보려고 예까지 왔나 하다가
생각을 바꿔보니
눈에 보이지 않는 의미가 더 크다

책으로 이백여 년 전
사람으로 백여 년 전
이들이 툭 그어대 던져 놓은
작은 불씨가 지금은 들불이 되어
온 나라에 활활 타고 있다
작은 이 나라에서 땅끝까지 번지고 있다

지구상에서 가장 빈궁했던
어둠 속에 묻혔던 이 땅
그들이 밝혀준 이 나라를
지금은 하늘에서 내려다보며
흐뭇한 미소를 짓고 있겠지

자연산 아니면 팔지를 않습니다
자연산 광어 삼만 원
매운 탕 고기 맛은 우럭만 못하다

광어는 우향우!
도다리는 좌향좌!
똑같이 생겼는데
눈 위치 따라

광어가 되고 도다리가 되니
하나님이 이놈들 만드실 때는
아마도 정오 지나 두세 시쯤일 것 같다

마음조차 파래져 집으로 향한다
온 종일 초록색만 헤치며 다녔더니
십 년은 젊어진 것 같다
오늘 밤 꿈도
초록색 꿈을 꾸겠지!

양화진 선교사 묘원 생각들 모음

양화 진!

고귀한 143명의 밀알이 복음의 씨앗을 뿌려 암흑 같은 이 땅에 복음을 전해 주고 양화진 언덕에 고이 잠들어 있는 언덕.

1890년 외국인 묘지 방치.

1985년 한경직 목사 주축 기념 사업회로 이곳에 모시다.

앨바른-프랑스.

척화비-대원군-외국배척.

알렌 의사-민영익 고침.

헤론-이질 1890.7.26 34세에 마감.

한국 건너편 매장지 거절 양화진에 매장.

선교사 그 가족 빛을 나누기 위해 온 가족 복음의 씨앗을 뿌림.

잘 먹고 잘살 수 있는 평안한 조국을 떠나, 오지 중 오지인 한국(조선)을 찾아와

고귀한 생명을 바침.

출렁이는 한강 물만 그 뜨거운 사랑을 말없이 지켜주고 있다.

SF 무어(1860~1906).

에비슨 선교사(1860~1956) 고종의 시의 백정 박가 장티푸스 고쳐줌.

132명의 백정교회 백정 박성천 만민공동회.

무어 선교사와 박성춘의 만남 승동교회(1905) 박성춘 장로 장립.

HG 아펜셀러 美(1858-1902) 감리교, 신혼 2개월인 신학생.

부인은 배재학당 교육시작. 서재필, 윤치호 초청 정동 감리교회 세움.

독립신문 발행, 성서 번역위원회 참석차 목포에 가던 중 침몰 순교(44세)

아펜셀러 두 딸도 선교사.

MF 스크랜턴(1835-1909) 스프린턴과 함께 이화학당 세움.

HG 언더우드(1859-1916)美 24세 당초엔 인도를 선교지로 생각했다가 조선으로 선교지 변경.

부인 LH Underwood 새문안 교회 창립.

언더우드 아들들.

이세 원한경 박사.

삼세 원일한 박사 총 4대가 양화진에 묻힘.

HB 헐버트(1963-1949) 거세하고 옴.

1982 대한제국 멸망 사.

한국의 독립을 옹호하다 추방됨. 추후 초청받고 오다가 여독으로 한국에서 소천.

홀(1860-1894) 캐나다 선교사 로제타 홀(부인1865-1951) 서울에서 결혼식.

이북 평양에서 선교 34세 소천, 부인(당시 꽃다운 나이 29세)만 남아 재입국해서 선교 와중에 아들은 이질에 걸려 죽고 평양에서 남편을 대신하여 선교 43년 한국에서 선교.

-가끔 하나님을 원망하는 마음이 일기도 하나 무언가 잘못되어가고 있는 게 틀림없다.

아! 사랑이여!

이 어둠 천지인 이 땅에 나를 보내셨나이까?

엎드려 절규하던 양화진에 묻힌 선교사님들이여!

보소서!

당신들이 흘린 피가 결코 헛되지 않아 복음의 빛이 환하게 이 땅을 비추고 있지 않습니까?

이 땅에서 뿌린 당신들의 값진 씨앗들이 움터서 이제는 당신들을 대신하여 전 세계 땅 끝까지 복음을 전하는 안디옥이 되었습니다.

저 세상에서 다시 만나는 날, 그 가난하고 암울하던 조선에서 왔노라 했을 때 당신들은 우리들로 하여금 그 귀한 순교자의 열매를 보실 것입니다.

이 땅의 천 이백만 성도와 전 세계에 흩어져 복음을 전하는 수많은 선교사들이 당신들의 생생한 증인입니다.

유유히 흐르는 저 한강 물을 굽어보시는 임이시어!

이 땅을 더욱 부흥되게 하여 주소서 믿음의 예루살렘이 되게 하여 주시고 동방의 환한 복음의 횃불이 활활 타올라온 누리를 밝게 비추게 하소서.

양화진에 계신 143인의 고귀한 영령들이여! 고이 잠드소서. 양화진!

눈물

-조이 뜨레스 디아스 144기 눈물 팀 김풍배

눈물을 그리라 하였습니다
눈물이 보이지 않아
울었더니 눈물이 보였습니다

뽕나무 위
삭개오의 눈물이 보였습니다
검정 크레파스로
방울방울 점, 점, 점 주르륵
죄악의 검정 눈물을 그렸습니다

다시 울었더니
닭 울음소리 듣고 돌아선
베드로의 눈물이 보였습니다
잿빛 크레파스로
방울방울 점, 점, 점 주르륵
쿼바디스 도미네 잿빛 눈물을 그렸습니다

또 다시 울었더니
겟세마네 동산에서 꿇어 엎디신
주님의 눈물이 보였습니다

빨간 크레파스로
방울방울 점, 점, 점 주르륵
빨간 핏빛 눈물을 그렸습니다

또 울었더니
이번에는 무덤 앞에서 주님을 만난
막달라 마리아의 눈물이 보였습니다
노란 크레파스로
방울방울 점, 점, 점 주르륵
노란 부활의 눈물을 그렸습니다

눈물을 그리려다
눈물을 그리려다
뜨거운 눈물을 흘렸습니다

식사 때마다 시중들어 주실 때
시간마다 기도해 주실 때
은혜의 찬송을 인도하실 때
감동의 말씀을 전해 주실 때
무릎 꿇고 제자들의 발을 씻겨주시는
주님을 보았습니다
눈물 그림을 그리려다
뜨거운 눈물을 흘렸습니다

천사들은
흘린 눈물을 금 대접에 담아
하늘로 올라가셨습니다

소망의 하나님 -시편42편

하나님 내 하나님 어느 곳에 계시나요
왼 종일 찾아봐도 목마르게 찾아 봐도
내 하나님 계신 곳 찾을 수가 아주 없네
목마른 사슴처럼 주님 찾아 헤매이네

낮에는 내 여호와 햇빛으로 비추시고
밤에는 별빛으로 우리 곁에 계시오니
내 영혼아 어찌하여 낙심하고 떨고 있나
소망의 내 하나님 영원토록 지키시네

피난처 하나님 -시55편

하나님 내 기도를 귀 기울여 들으소서
원수의 큰소리에 나의 뼈가 녹습니다
두려움과 떨림에 내 심령이 곤하니
내 주님 피난처로 날개 쳐서 가고 싶네

너마저 그러느냐 원수라도 참으리라
친구도 동료들도 하나같이 미워하니
여호와여 내 영혼 감찰하여 주소서
하나님 내게 오사 눈물 닦아 주옵소서

내 마음을 정합니다 -시108편

하나님 내 하나님 내 마음을 정 합니다
내 마음 다 하여서 하나님을 찬양 하네
비파야 수금들아 새벽마다 깰 지어다
오 주님 우리 모두 하나님께 감사하세

우리가 민민 중에 주께 삼사 드리오니
뭇 나라 뭇 백성이 우리 주께 찬양하네
하늘 영광 온 땅위에 하늘 높이 드리오니
오 주님 주의 영광 만천하에 떨치소서

하박국의 노래 -하박국 3:17-19

무화과 연약하여 무성하지 못하여도
포도 밭 포도나무 열매하나 없다 해도
커다란 외양간에 소 한 마리 없다 해도
오로지 주 한분만 섬기면서 살아가리

여호와 힘 되시고 나의 산성 되시오니
한 마리 사슴 되어 높은 곳을 다니겠네
나의 주 하나님을 의지하고 따르오리
부해도 가난해도 여호와만 기뻐하리

축복 -신명기 28장

하나님 주신 말씀 순종하며 살다보면
나가도 복을 받고 들어와도 복을 받고
광주리와 떡 반죽 그릇에도 복 받고
성에도 복을 받고 들에서도 복을 받네

원수도 내 앞에서 혼비백산 패하여서
한길로 왔다가도 일곱 길로 도망하네
때를 따라 내리신 늦은 비와 이른 비
창고에 가득 차고 넘치도록 부으시네

선지생도들의 노래

소꿉놀이

홍 영 미

알록달록
예쁜 장난감
가짜인 줄 알면서
하하 호호 즐기네
너는 아빠
나는 엄마
티격태격

사랑하는 우리 아빠
부르는 소리
장난감 집어 던지고
집으로 돌아가네

간절함

권 예 진

비바람 불면 무너진다
폭우가 쏟아지면 쓸려간다

기회가 오면 지나친다
시련이 오면 쓰러진다
지친 마음 실망한다

이 간절함
아시는 오직 한 분
내 주님 예수 그리스도

행복

서 현 주

행복은 내 안에 있지요
보자기에 꽁꽁 싸서
갈무리하고 싶지요

주님이 주신 행복
넘쳐나길 소망하지요

누구나 가지고 싶은 행복
불평이 도적같이 찾아와
행복을 빼앗아 가지요

주신 행복 지키려고
날마다
새벽마다 손을 모읍니다

주님 주신 행복이
참 행복입니다

주님의 솜씨

한 영 계

장맛비가 걷히고 맑게 갠 하늘
하늘은 아름다운 뭉게구름 가득
나는 한적한 숲길을 걷는다
무성한 초목 사이로 인사하는 해님
즐겁게 노래하는 예쁜 새들
시끄럽게 떼창하는 매미들
졸졸 흐르는 시냇물
신이 나서 춤을 추는 호랑나비
이 모든 것은 주님의 솜씨

오직 주님

김 경 숙

나를 구원해주신 하나님
오직 주님만이 나의 살아 갈 길이요
오직 주님만이 나의 희망입니다
주님만 의지합니다
주님의 한 없는 사랑을 받았습니다
지치고 힘들 때 손잡아 주신 주님
세상의 빛과 소금 되라 하셨사오니
그렇게 살아가길 소망합니다
지혜와 용기, 사랑을 갈망합니다
언제나 주님만 의지합니다

눈물 강이 되어

김 영 미

눈물로 강을 이루니
믿음의 배 띄우고
승리의 돛대 달아
님 계신 곳에 가오니

믿음의 배 위에 사랑하는
이 태우고
님 계신 곳에 가게 하소서

때론
고난이라는 순풍으로
단숨에 가고자
한숨 함 모금 내 가슴에 머물고
님 계신 곳 바라보니

깊은 한숨 토해낼 때
찬양의 울림으로 승전가 부르며
볼을 타고 흐르는 눈물
강을 이루어 흐르게 하소서

주님 손에 올립니다

이 은 화

캄캄한 예배당
앞자리에 홀로 앉아
주님을 부릅니다

내 눈, 내 마음에
묻어두었던 눈물
좌르륵 쏟아집니다

나를 어찌할까?
우리 가정을 어찌할까?
이 나라를 어찌할까?

주님 손에 올립니다
주님 구원하소서
회복 시켜 주소서

묻어두었던 눈물
주님 앞에 쏟아냅니다

□해설

십자가를 그리는 시학

- 김풍배 신앙시집 『십자가를 그려 보셔요』에 부쳐

이 영 지
문학박사 · 철학박사 · 시인 · 시조시인

1. 김풍배 목사 시인의 문학이력

김풍배 시인의 신앙시집 『십자가를 그려 보셔요』 발간을 축하한다. 어느 사이 목사님이 되셔서 이번 시집은 신앙시집에 걸 맞는 제목과 내용으로 되어 있다.

김풍배 시인은 2007년도에 「문학공간」 에서 시로 등단하고 시집 『물 동그라미』 『가깝고도 먼 길』 『바람소리』 를 냈다. 그리고 다시 2012년 봄에 창조문학 84호에 82회 신인상 시조 부문 「장마」 외 3편으로 다시 등단하였다.

이에 김풍배 목사 시인의 생애 이력기록을 위해 기념으로 여기 다시 개재한다.

당시 작품은 다음과 같다.

며칠 새

아이같이
하늘이 울고 있네

무얼 주어
저 울음
뚝! 하고 그칠 건가

놔둬라
울다 지치면
제 스스로 그치리

–「장마」

꼭 잡고 싶지마는 정 마저 가져갈까
아무렇지 않은 듯 잘 가 하고 보냈지
보내고 뒤돌아보며 후회하는 이 마음

눈 오면 눈 속에서 비가 오면 빗속에서
꿈결인 듯 생시인 듯 어릿어릿 보이네
아서라 너마저 가렴 날개 젖은 미련아

–「날개 젖은 미련」

하나님의 은총이 생김새가 있다면
너울너울 내리는 하얀 눈 같을 거야
얼룩진 험한 세월을 새하얗게 덮으리.

하나님의 은총이 생김새가 있다면
가뭄 끝에 내리는 소낙비 같을 거야
거칠고 메마른 영혼 촉촉하게 적시리.

–「은총이 모양이 있다면」

어렵사리 사정해서 보청기를 사왔는데
시원시원 들리지만 안 들을 걸 듣게 되네

들은 귀 더러워질까 슬그머니 빼놓네

비싼 돈 들여가며 보청기 사줬는데
왜 안 꼽나 아들내외 답답한 듯 타박하네
멍하니 딴청피우고 못들은 척 해보네

–「보청기」

당시 신인문학상 심사평은 다음과 같다.

시조 부문

김풍배 님의 시조작품「장마」「날개 젖은 미련」「은총이 모양이 있다면」「보청기」를 창조문학 신인문학상 당선작으로 하였다. 김 시인의 작품들은 형식의 다양성도 있지만 그 내용들이 참신하고 낭만적 서정마저 있다.「장마」는 기존 시조가 갖는 점잖음을 탈피하고 정감 있는 언어로 상큼한 맛을 준다.「날개 젖은 미련」도 정감이 넘치는 작품이다.「은총이 모양이 있다면」도 기독교적 소재이지만 감각적 상상으로 친화감을 준다.「보청기」는 현대적 소재이지만 세태를 풍자하는 묘미가 있다. 모두 우리에게 가깝게 다가오는 친화력의 시조다. 계속 정진을 바란다.

심사위원: 홍문표(시인, 비평가)
배정웅(시인)
이영지(시조시인)
최창도(시인)
조수연(시인)

김풍배 시인은 시조시인으로 등단하면서 심사위원들로부터 '내용들이 참신하고 낭만적 서정' 시조시인이라는 평을 받는다. 시조문학 작품으로 신인문학상 시조부문 당선소감은 다음과 같다.

새벽기도회를 마치고 돌아오던 중 '오늘'이란 단어가 불현 듯 떠올랐습니다. 집에 도착해서 이렇게 적어 봤습니다.

'허송한 날은 살지 않은 날과 같다. 오늘 하루를 오르지 않으면 어찌 산을 올라갈 수 있으며, 오늘 하루를 흐르지 않으면 어찌 바다로 내려 갈 수 있겠는가?'

신인 문학상에 당선되었단 소식을 듣고 정말 기뻤습니다.

창조문학은 언제든지 돌아가서 안겨야 할 제 문학의 고향 같아서 이제 비로소 보금자리를 찾았다는 기쁨과 평안함이 몰려왔습니다.

錦衣夜行이란 말이 문득 떠올랐습니다. 이제 와서 비단 옷을 입고 밤중에 걷는다고 어느 누가 보아 주겠으며 알아주기나 하겠습니까만 그러나 내가 그토록 입고 싶은 옷을 입고 내가 걷고 싶은 길을 걸어가니 이 밤이 하얗게 새어도 좋겠습니다.

오늘이란 하루하루를 열심히 쌓아 창조문학이란 산을 오르고 오늘이란 하루하루를 열심히 흘러 창조문학이란 바다로 나아가겠습니다. 넘치도록 주시는 하나님께 우선 감사를 드리며 창조문학의 가족이 되게 하여주신 심사위원님들 그리고 존경하는 홍문표 주간님께 깊은 감사드립니다. 사랑하는 아내와 자식들 그리고 친지 여러분과 특히 소양 김길자 선생님과 친구 박영춘 시인과 함께 이 기쁨을 나누겠습니다.

– 시조부문 당선소감「보금자리를 찾았다는 기쁨과 평안함」

김풍배 시인의 시조문학작품 등단 시 '내가 걷고 싶은 길을 걷는다'고 소감을 밝힌다. 심사평에서도 심사위원들로부터 받은 평과 같이 참신하고 또 낭만적 서정을 가진 열정은 드디어『노을에 기대어 서서』2016을 발간하면서 제 22회 창조문학대상2018을 받았다.

창조문학 창조문학대상2018 당시 수상소감은 다음과 같다.

창조 문학 대상 수상자에 선정 되었다는 소식을 듣고 가슴이 철렁했습니다. 기쁨의 마음은 잠깐이었고, 제 자신이 과연 기라성 같은 역대 수상자의 반열에 들어갈 수 있을까하는 두려움이 앞섰습니다.

창조 문학은 제 문학의 어머니 같은 존재입니다. 여기에서 문학의 열정을 불태웠고 깊이를 알아왔습니다. 어느 곳에든지, 무엇이든지 내가 서있는 자리에서 인정받으면 성공이라는 생각을 갖고 살아왔습니다. 큰상을 가슴에 안고 저 스스로 위로를 받습니다.

비록 적은 나이는 아니지만, 기력이 다할 때까지 글 쓰는 일에 게을리 하지 말라는 뜻으로 이 귀한 상을 받습니다.

존경하는 홍문표 박사님, 유창근 주간님, 이영지 국장님 그리고 본 상을 심사해주신 모든 분께 진심으로 감사드립니다

– 창조문학 대상 수상소감 「문학의 어머니」

김풍배 창조문학대상수상자는 대상 수상소감에서 창조문학은 제 문학의 어머니 같은 존재이며 기력이 다할 때까지 글 쓰는 일에 게을리 하지 않겠다고 다짐한다. 문학비평가 홍문표 창조문학 대상수상 심사위원장은 시인의 창조문학 대상 수상작 시집 『노을에 기대어 서서』에 대하여 '시로 쓴 감동의 노인학' 수상작품평으로 한다.

이번 김풍배 시인이 '요양원'이라는 부제로 80여 편의 연작시를 발표했다는 것은 소재의 독특함을 넘어서 노인의 문제가 단지 정책적인 문제만이 아니라 노년의 삶에 대한 인문학적이고 시적인 문제로 확대하여 노인문학이라는 새로운 장르를 개척하는 선구적인 횃불을 들었다는데 매우 획기적인 의미가 있음을 알게 되는 것이다.

김시인은 이번 시집에서 먼저 요양원이라는 무엇이며 그곳에 있는 노인들은 누구인가에 대한 근본적인 문제를 그의 시적인 상상력을 통해 애절하게 드러내고 있다.

. . . .

김 시인은 이번 시집에서 단지 요양원이 어떤 곳인가를 시적으로 드러내는 것으로 끝나지 않는다. 오히려 요양원 노인들과 함께 지내면서 노인들이란 무엇인가. 노년의 인생은 어떻게 살 것인가.

아니 인생은 누구나 노년을 맞게 되는데 그렇다면 우리는 노년을 어떻게 맞을 것인가 하는 보다 근본적인 노인학을 예리하고 부드러운 시적 상상력으로 조명하고 있는 것이다.

....

김풍배 시인의 요양원 소재의 연작 시집 『노을에 기대서서』는 우리가 무심했거나 외면했던 노인, 노년기의 삶, 노년에 대한 문제들을 감동적인 시적 상상력으로 형상화 하고 있으며, 특히 우리에게 익숙한 시조의 형식을 구사하여 더욱 따뜻하게 드러내고 있는데 이는 우리 시사에서 처음 보는 노인문학일 뿐만 아니라 정말 시로 쓴 감동적인 노인학의 역작이 아닐 수 없다.

– 홍문표 심사위원장의 김풍배 시인의 수상 평 중에서

홍문표 창조문학 대상수상 심사위원장은 우리에게 익숙한 시조의 형식을 구사하여 감동적인 시적 상상력으로 형상화한다고 작품을 극찬하고 있다.

2. 김풍배 목사 시인의 시집 『십자가를 그려 보셔요』

김풍배 시인의 『십자가를 그려 보셔요』 시집 제목은 시어 '십자가'와 '그려'와 '보셔요'로 구성 되어 있다. '십자가' 의미와 '그려'의 그림이미지와 그리고 '보셔요'의 아주 아름다운 유혹의 청유형으로 한다. 상대방이 따라 하도록 하는 부드러운 안내이다. 십자가 신앙을 권하는 행동 이미지의 신앙시집이다.

십자가라면 일반 십자가와 신앙의 십자가와 구분된다. 일반 의미의 십자가는 눈에 보이는 십자가 모양으로 가로 세로 길이가 있고 그 비율은 크면 큰대로 작으면 작은 대로 3:4 비율이다. 이 리듬 비율은 이 천지간의 생성비율이다. 흔히 말하는 명함판 비율이 십자가 리듬이다. 삼라만상에 있는 비율이 십자가 비율이다. 우리말은 첨가어가 특징인데 가령 '하늘'에 '이'자를 덧붙여 '하늘이'라 하고 설명을 덧붙이는 '하늘이다'하여 '하늘이 하늘이다'로 3·4리듬을 만든다. 이토록 아름다운 십자가 비율을 김시인은 제목으로 하고 있는 것이다.

성경에서 보이는 십자가는 사실상 인간에게는 불가능하다. 여기에 김풍배 시인의 시적 표현력이 돋보이는 '십자가를 그려 보셔요'가 있다. 십자가를 지세요도 아니고 십자가를 가지세요도 아니다. 김 시인의 '십자가를 그려 보셔요'는 형상화 곧 시가 가지는 최고의 표현이다. 문학이 가지는 상상의 세계로 안내하며 행동을 알리는 이미지다. 보라!의 명령이 아닌 보셔요이다. 겸손이다. 참다운 신앙시인이 십자가를 그려 보는 일은 그분이 가지신 겸손으로 절대자에게 절대 복종하는 일이다. 이 생의 삶에서 그 분을 따라가는 십자가를 그려 보셔요의 삶이어서이다.

김풍배 시인은 십자가와 관련한 아주 큰 의미를 시의 실력으로「나사못」시를 제시한다. 놀랍게도 김풍배 목사시인은 이 나사못을 시집 제일 첫머리에 놓고 있다.

날카로운 나사못
길 걷다가 주었네
가지런히 손에 넣고
가만히 쥐어보니
손바닥
부드러우니
나사못도 순하네

가시 같은 사람도
나사 같은 사람도

달래고 보듬으면
다 같은 사람일세
나 먼저
부드러우니
세상 모두 순해지네

-「나사못」

성경 전체에서 제일 첫장 창세기 1장은 빛을 언급하는데 이 빛이 절대자 하나님이 주시는 빛으로 예수님 빛이다. 절대 사랑으로 보여준 예수님이 십자가 높이 달리어 계셨던 것은 그 십자가에 예수님 손이 못 박히이 있어서이다. 예수님 십자가 앞에는 이름표가 붙어 있었다. "예수아으 하나사렛 베멜레크 하예후님ישוע הנצרי ומלך היהודים이다. 그런데 이 4단어 앞 글자만 모으면 여호와יהוה가 된다. 바로 이름표 앞에서 숨은 의미는 여호와이다. 따라서 예수와 여호와는 하나로 연결된 아주 중요한 흔적이다. 아버지와 아들 관계이다.

더구나 여호와 글자에서 찾아지는 여호와יהוה의 손י과 여호와יהוה의 못ו 자국이 있고 숨 쉼 표시 헤ה에 유대 왕 나사렛 예수가 십자가에 못 박히면서 남긴 이름표다. 여호와יהוה가 자기 사랑하는 아들을 십자가에 달리기까지 우리를 사랑한 흔적이다. 숨 쉼ה 글자와 못ו과 여호와의 손י으로 되어 있는 여호와יהוה 글자가 십자가의 예수 앞 이름표다.

참을 수 없는 분노가 일어날 때는
십자가를 그려 보셔요

견딜 수 없도록 억울하거든
자존심 짓이겨 밟아 놓거든
십자가를 그려 보셔요

마음속에 커다란 십자가를
그려 보셔요

그래도 가라앉지 않거든
십자가에 못을 박아 보셔요
양손과 양발에
꽝 꽝 꽝 대못을 박아보셔요

분노가 지나가고
마음에 평정이 찾아오거든
고개 들어 하늘을 바라 보셔요
빙그레 웃고 계신 주님
거기 계실 거예요

-「십자가를 그려 보셔요」

김풍배 시인은「십자가를 그려 보셔요」시를 헌납하면서 죽음 앞에서 "빙그레 웃고 계신 주님/ 거기 계실 거예요" 한다. 이토록 삶의 지표를 하나님의 사랑과 이에 맞먹는 처절한 사랑 앞에서 시인은 시적 표현으로 몸과 마음이 온전히 십자가를 그려 보는 삶을 살게 됨을 고백한다.

성경은 예수님과 여호와는 아주 긴밀히 아들과 아버지 사이임을 제시한다. 여호와יהוה 글자는 여호와 - ה 숨 쉼 ו 못, 손 ה 숨 쉼 י 여호와의 약자다. 여기의 ו 베 못과 손 י 요드와 긴밀히 연결되어 십자가상의 예수님을 알린 여호와 יְהוָה와 예수십자가 사건이다.

김시인 생애가 아름다울 수 있는 것은 십자가를 그려 보셔요의 생애이어서이다. 예수님 외에는 십자가를 질 수 없다. 다만 김 시인은 이 십자가를 그려보는 일이다. 그려보는 일은 김시인 마음에 예수님을 온전히 받아들이어 생각하고 그리고 결단하는 일이다. 십자가는 김 시인이 질 수 없지만 다만 예수님을 닮은 십자가를 그려 보셔요의 삶을 그의 발자취로 따라가는 일이다.

봄에는 더 바쁘신
화가 하나님
매화, 진달래, 벚꽃, 개나리
색색이 다른 색깔로
칠하셨네! 곱게도

겨우내 하얀 백지
만들어 놓으시고
봄이 오자
그리신 고운 그림 울긋불긋
꽃마다 활짝 웃으며
사람들을 부르네

–「화가 예수님」

김 시인은 예수님을 화가 예수님이라 하였다. 일반 시인이 아니라 목사 시인이어서 가능한 화가 예수님의 모습이다. 시인은 사계절 중 "봄에는 더 바쁘신/ 화가 하나님/ 매화, 진달래, 벚꽃, 개나리"의 화가 하나님이 색칠하신 것을 보며 감동한다. 시 제목「화가 예수님」시는 문장 중에서 "화가 하나님"이 되어 있다. '화가 예수님=화가 하나님이다. 둘의 일치이다. 그러니 김시인도 화가 시인이 되어 "십자가를 그려 보셔요"에 알맞게 시인도 그 분이 만드신 동산에서 동산의 아름다움을 그려 보셔요의 시인 화가가 되어 있다.

이 감동은 이 세상의 아름다움을 그려보는 시인이 되는 기적이다. 시인이 감동으로 받아 쓴, 그래서 김시인이 감히 예수님과의 시인으로서의 일치가 되는 "예수님 그려 보셔요"이다. 예수님이 걸으신 "십자가를 그려 보셔요"이다. 그래서 김시인의 생애는 예수님을 닮은 아름다운 생애가 된다. 죄 사하심의 십자가 신앙을 가지는 일에 너무 기뻐 이 기쁨을 가진 웃음을 값있게 하고 싶은 열정의 김풍배 시인이 김풍배 목사 시인이 되어 있다.

새벽에 눈 뜨자마자
평안한 하루가 되게 해달라고
빌었다
아무것도 하지 않은
평안한 하루를 보냈다

기도한 대로 되었는데
어쩐지 잘 못 산 하루 같다

시간은
살아서 파닥거려야 한다

기도 제목을 바꾸기로 했다
무언가 남기는
하루가 되게 하소서

-「잘 못 산 하루」

내 마음은
당신을 사랑하는 줄기입니다
사랑의 줄기는
당신만 향하여 뻗어갑니다
무섭고 어두운 밤에도
뜨거운 햇빛 아래에서도
당신을 향해가는 길은

멈출 수도 없고
포기할 수도 없음은
당신은 나의 전부이기 때문입니다
산이 막아도
바다가 막아도
가야 하는 것은
당신은 나의 생명이기 때문입니다
당신을 향한 사랑의 줄기는
당신을 만나는 날
예쁘고 탐스러운 열매를 맺을 때까지
오늘도 쉼 없이 당신을 향하여
뻗어갑니다

–「사랑의 줄기」

김풍배 시인 하루는 새벽기도로 시작되며 기도하며 그리고 하나님의 응답을 얻는다. 예수님을 닮아 십자가를 그려 보셔요의 삶은 무엇인가 남기고 싶은 생애이다. 그래서 그 중에서 사랑실천의 방법을 택한다. 은총의 십자가를 닮아가는 일이다. 사랑실천을 하는 일이다. 죄 사함을 받는 기쁨이 되는 생애이다.

성경은 십자가의 3:4 비율을 하나님의 결단으로 서너[1)]와 서넛과 죄악을 씻어주는 셋 + 넷으로 제시한다. 하나님은 십자가의 서넛 비율을 기이히 여기고도 깨닫지 못하는 서넛을 향해 하나님의 은혜로 이 세상에서 살아가는 삶에서 십자가를 그려 보셔요 라고 강력 안내한다. 시인은 부드럽게, 명령이 아닌 겸손으로 하나님이 사랑으로 용서해시겠다는 계약을 받고 즐거움이 넘친다. 김풍배 목사시인은 하나님의 사람 시인을 향한 사랑의 용서 계약을 받고 아주 즐거울 수 있다. 말씀

---

1) שְׁלֹשָׁה(쉐로솨 · 서) אַרְבָּעָה(아르바아 · 너): 암 1: 3 · 6 · 9 · 11 · 13 · 2: 1 · 4 · 6.

에 감동된 성령의 힘이 있다.

김풍배 시인이 그토록 낭만을 곁들인 열정과 기쁨으로 이어가는 결정적인 근거는 예수님의 말씀에 있다.

신비다움 꽃잎에
방울방울 꿀 송이 매달렸네
손끝에 가만히 찍어
혀끝에 대보니
달디 단맛 온몸에 퍼지네

하나님 말씀은
이보다 더 달다네
한 절 한 절 귀한 말씀
나의 영혼 양식되네

읽다 웃고
읽다 울고

그 말씀 읽는 재미에
차마 눈 떼지 못하겠네

-「말씀」

김풍배 목사 시인이 성령으로 말미암아 말씀을 "읽다 웃고/ 읽다 울고"한다. 말씀 안에서 즐거움과 기쁨을 감추지 못해 목사 시인은 "신비다움 꽃잎에/ 방울방울 꿀 송이 매달렸네/ 손끝에 가만히 찍어/ 혀끝에 대보니/ 달디 단맛 온몸에 퍼지네"의 아름다운 시를 만들어 낸다. 이 감동의 경험은 김풍배 시인이 김풍배 목사시인으로 승화되는 순간이다.

차마 눈 떼지 못하는 말씀 속에서 김 목사 시인은 매일의 나날이 이어지게 된다. 김풍배 목사 시인은 영의 사람이 되어

가며 십자가를 그려 보셔요의 삶에 동화되어 눈물의 시인이 되어 있다.

눈물을 그리라 하였습니다
눈물이 보이지 않아
울었더니 눈물이 보였습니다

뽕나무 위
삭개오의 눈물이 보였습니다
검정 크레파스로
방울방울 점, 점, 점 주르륵
죄악의 검정 눈물을 그렸습니다

다시 울었더니
닭 울음소리 듣고 돌아선
베드로의 눈물이 보였습니다
잿빛 크레파스로
방울방울 점, 점, 점 주르륵
쿼바디스 도미네 잿빛 눈물을 그렸습니다

또 다시 울었더니
겟세마네 동산에서 꿇어 엎디신
주님의 눈물이 보였습니다
빨간 크레파스로
방울방울 점, 점, 점 주르륵
빨간 핏빛 눈물을 그렸습니다

또 울었더니
이번에는 무덤 앞에서 주님을 만난
막달라 마리아의 눈물이 보였습니다
노란 크레파스로
방울방울 점, 점, 점 주르륵

노란 부활의 눈물을 그렸습니다

눈물을 그리려다
눈물을 그리려다
뜨거운 눈물을 흘렸습니다

식사 때마다 시중들어 주실 때
시간마다 기도해 주실 때
은혜의 찬송을 인도하실 때
감동의 말씀을 전해 주실 때
무릎 꿇고 제자들의 발을 씻겨주시는
주님을 보았습니다

눈물 그림을 그리려다
뜨거운 눈물을 흘렸습니다
천사들은
흘린 눈물을 금 대접에 담아
하늘로 올라가셨습니다

-「눈물」

김풍배 시인의 오늘이 있게 된 것은 영의 사람이기 때문이다.「눈물」 -조이 뜨레스 디아스 144기 눈물 팀 김풍배 시인이기 때문이다. 시인은 눈으로 보는 하나님의 일에 감격하여 하나님을 닮은 눈에 눈물이 가득 고이는 백성 시인[2]이다. 곧 보답하는 백성[3] 김풍배 목사시인의 눈물 가운데 하나님은 계시면서[4] 자기 백성 목사 시인의 마음을 읽고 그 소원을 들어 주신다.

사람이 영의 사람이 되는 일은 사람에게 있는 영과 혼에서

---

2) עַמִּים(암밈·민족).
3) גּוֹיִם(고임·민족).
4) אֻמִּים(움밈·민족).

비롯된다. 이미 태어날 때부터 가진 혼에서 이제는 하나님에게서 온 그래서 예수님으로부터의 영을 받는 일이다. 김풍배 시인은 눈물의 경험을 통해 성령 부으심의 힘입은 봉사로 영의 목사님이 되시고 하나님의 신이 물 위에 운행하심에 힘입어 성령의 사람이 된 것이다. 하나님의 신으로부터 오는 성령세례를 받아 김풍배 시인은 하나님의 사람이 되어 있다. 여호와의 신이 옷니엘에게 그리고 기드온에게 그리고 삼손에게 임하셨던 영의 눈물이 김풍배 시인에게 밀려와 눈물로 쓴 하나님을 그려 보셔요 시를 짓고 시집을 낸다.

김풍배 목사시인은 봉사를 하며 학생들을 가르치며 하루를 기도와 말씀으로 그리고 가르침으로 거듭난다. 매일의 새벽기도로 시작하고 열정을 하늘로부터 받는 성령의 은혜가 넘치는 축복의 김풍배 목사 시인이다.

> 하나님 주신 말씀 순종하며 살다보면
> 나가도 복을 받고 들어와도 복을 받고
> 광주리와 떡 반죽 그릇에도 복 받고
> 성에도 복을 받고 들에서도 복을 받네
>
> -「축복 -신명기 28장」

김풍배 신앙 시집

십자가를 그려 보셔요

2021년 1월 10일 인쇄
2021년 1월 11일 발행

지은이 김 풍 배
펴낸이 신 용 호
펴낸곳 창조문학사

서울 서대문구 홍은동 397-26 동천아카데미 5층
등록번호 제1-263호
전화 374-9011, Fax 374-5217
공급처 한국출판협동조합 전화 716-5616~9

값 12,000원
ISBN 978-89-7734-773-1